LA SCIENCE, LA RELIGION

ET

LA CONSCIENCE

SAR PÉLADAN

La Science
La Religion
et la Conscience

« Réponse à MM. BERTHELOT,
BRUNETIÈRE, POINCARÉ, PERRIER, BRISSON
DE ROSNY et DE SARRACHAGA »

PARIS

CHAMUEL, ÉDITEUR

79, rue du Faubourg Poissonnière, 79
(Près la rue Lafayette)

1895

LA DÉCADENCE LATINE

ETHOPEE

PROCHAINEMENT :

LA QUESTE DU GRAAL

Proses choisies des dix premiers romans avec dix compositions et un portrait de Séon, 3 fr. 50

AMPHITHÉATRE DES SCIENCES MORTES

I. COMMENT ON DEVIENT MAGE (éthique). in-8, 1891 (Chamuel).

II. COMMENT ON DEVIENT FÉE (érotique), in-8, 1892 (Chamuel).

III. COMMENT ON DEVIENT ARTISTE (esthétique), in-8, 1894 (Chamuel).

IV. LE LIVRE DU SCEPTRE (politique), in-8, 1895.

EN PRÉPARATION :

V. MYSTIQUE

COMMENT ON DEVIENT ET ON RESTE CATHOLIQUE.

THÉATRE DE LA ROSE ✝ CROIX

I. BABYLONE, tragédie en 4 actes, in-4, 1894, Chamuel.

II. PROMÉTHÉE, trilogie d'Eschyle restituée, in-4, 1895, Chamuel. (Portrait en taille douce).

III. LE FILS DES ÉTOILES, en 3 actes, édition artistique, à 7 et 10 fr. pour octobre, hors commerce.

IV. LE PRINCE DE BYZANCE (refusé à l'Odéon et à la Comédie-Française, pour octobre (Chamuel).

V. ORPHÉE (tragédie), ·   en préparation.

VI. LA ROSE ✝ CROIX, mystère en 3 actes,   »

VII. LE MYSTÈRE DU GRAAL, en 5 actes,   »

VIII. SÉMIRAMIS, tragédie en 4 actes,   »

ORAISON FUNÈBRE DU DOCTEUR ADRIEN PÉLADAN
(au Bulletin). . . . . 1 fr. »
ORAISON FUNÈBRE DU CHEVALIER ADRIEN PÉLADAN
(au Bulletin). . . . . 1 fr. 50
CONSTITUTIONS DE L'ORDRE DE LA ROSE † CROIX DU
TEMPLE ET DU GRAAL (au Bulletin) . . . 1 fr. 50

LA DECADENCE ESTHÉTHIQUE

HIÉROPHANIE

L'ART IDÉALISTE ET MYSTIQUE

Doctrine de la Rose ✝ Croix,

1 volume in-18, Chamuel, **3** francs **50**, 1894.

LE THÉATRE DE WAGNER, les 11 opéras scène par scène.

(Introduction à l'histoire des peintres de toutes
les écoles depuis les origines jusqu'à la Renaissance
avec reproduction de leurs chefs-d'œuvre et piéa-
nographie spéciale, in-4° format de Charles Blanc :

L'Orcagna et l'Angelico, 5 francs.

Rembrandt, 1881 (épuisé).

L'ŒUVRE PÉLADANE

Au 11 Mai 1895

LA PROMETHEIDE, triologie d'Eschyle, restituée en
son entier par LE SAR PELADAN avec un portrait
en taille douce. Second volume du théâtre de la
ROSE ✝ CROIX. In-4° couronne. . . . . . . 5 fr.

LE LIVRE DU SCEPTRE, POLITIQUE DE DE L'AMPHI-
THÉÂTRE DES SCIENCES MORTES, 1 vol gr. in-8.
. . . . 7 fr. 50

LES XI CHAPITRES MYSTÉRIEUX DU SEPHAR BERES-
CHIT, mission rosicrucienne par SAR PÉLADAN.
Un vol. carré sur papier solaire, librairie de l'art
indépendant. . . . . 2 fr.

LA SCIENCE, LA RELIGION ET LA CONSCIENCE, RÉPONSE
A MM. BERTHELOT, BRUNETIÈRE, PÉRRIER, POIN-
CARRÉ ET BRISSON PAR LE SAR PÉLADAN. Opus-
cule, petit in-16 carré. . . . . 1 fr.

TREIZIÈME ÉDITION
Conforme à la première (1884)
LE VICE SUPREME

POUR JUILLET
LE FILS DES ÉTOILES
Edition aristique

POUR OCTOBRE
LE PRINCE DE BYZANCE
(CHAMUEL)

LA ROSE + CROIX

Bulletin mensuel

DE L'ORDRE DE LA ROSE + CROIX DU TEMPLE ET DU GRAAL

TROISIÈME ANNÉE. — SÉRIE ÉXOTÉRIQUE

Paraît chaque mois en un grand in-8 de 32 pages

ABONNEMENT :

UN AN : Paris et Départements........	7 fr.
Union postale...............	9 fr.
Voie anglaise	10 fr.
Un numéro.................	0 fr. 50

Les abonnements partent d'avril et se paient d'avance.

S'adresser pour toute chose PAR LETTRE, au Secrétariat

2, rue de Commaille, 2.

Pour la vente au numéro : 11, Chaussée d'Antin.

A la librairie de l'Art Indépendant

LES XI CHAPITRES MYSTÉRIEUX DU SEPHER BERESCHIT

Version Rosicrucienne

DU SAR PELADAN

1 vol. sur papier solaire.......... ...... 2 fr.

THÉATRE DE LA ROSE + CROIX
Premier tome des COMÉDIES
LE FILS DES ETOILES

Pastorale en 3 actes du SAR PELADAN
représentée en avril 1892 à la R. + C.
et reprise en avril 1893 au Dôme Central

ÉDITION ARISTIQVE

Absolument souscrite et privée.

A deux cents (200) exemplaires tous numérotés, signés et dédicacés par l'auteur sur papier de Japon dont cent (100) contenant chacun une page du manuscrit original, avec une gravure inédite en taille douce qui sera effacée après le centième:

A 10 fr. (dix francs) l'exemplaire.

Et cent (100)sur même papier sans l'estampe ni la page autographe.

A 7 fr. (sept francs) l'exemplaire et signé par l'auteur, format petit in-4°.

Aucun exemplaire ne sera mis dans le commerce ni envoyé à la presse.

Pour souscrire adresser le bulletin ci-contre rempli au Secrétaire de la R. + C., 2, rue de Commaille, en l'accompagnant d'un mandat.

Pour l'édition aristique, on souscrit aussi à la librairie de l'art indépendant : 11, rue de la Chaussée d'Antin et chez Chamuel.

Date d'apparition : le 1er juillet 1895

EDITION ARTISTIQUE

DE

LA ROSE CROIX

Le soussigné...déclare souscrire

demeurant à..

à ....des cents exemplaires DU FILS DES ÉTOILES sur papier de Japon,

numérotés, signés et dédicacés par l'auteur, contenant une page du manuscrit ori-

ginal et une taille douce inédite au prix de **10** fr. qu'il paye par mandat ci-joint.

Ou bien :

A ....des cents exemplaires DU FILS DES ÉTOILES sans page manuscrite

ni estampe mais numérotés et signés par l'auteur au prix de **7** fr. qu'il paye par

le mandat ci-joint.

SIGNATURE   ADRESSE :

Détacher ce bulletin et l'envoyer ; l'opuscule-fascicule sera remplacé.

AVANT-PROPOS

AVANT-PROPOS

Parmi mes amis et féaux intellectuels il est un esprit singulier qui se complait à rire de la bêtise moderne et refait incessamment pour sa seule joie des contextes au génial ouvrage de Flaubert, *Bouvard, de Pécuchet*.

Or, la caricature m'a toujours semblé une dépravation ; je refuse mon regard et attention au laid, à l'illogisme, au déformé : et mon personnage s'entête à m'apporter communément, mêlées et enchevêtrées des idioties qu'il recueille en très hauts lieux, hélas, et qu'il amalgame à des inventions délirantes et sinistres.

Hier soir, il vint inopinément et sa mine m'annonça de désagréables grotesqueries : il sait mon dégoût pour les faits cliniques de l'idée et il exulte à m'irriter.

— « Que diriez-vous d'un défenseur de la religion qui déclarerait d'abord, la divité de Jésus et puis que ni l'immortalité de l'âme, ni l'existence de Dieu ne se démontrent, proférant enfin que les raisons de croire, sont de l'ordre volontaire et aucune de l'ordre intellectuel. »

Je haussai les épaules.

Il continua :

— J'ai glané ceci derrière un passage de membres de l'Institut.

— « *Les religions se sont approprié la morale ; elles en ont du reste trop souvent combattu l'évolution et le progrès, elles n'ont fait autre chose qu'emprunter aux connaissances positives de leur époque.*

— « *Les règles directrices de la vie n'ont*

jamais été empruntées à des révélations divines, et toute solution dogmatique n'a jamais reposé que sur des connaissances positives. »

— « Les peuples et les particuliers qui ont adopté le mystère et l'inspiration divine comme guides fondamentaux, n'ont pas tardé à être précipités dans une ruine morale intellectuelle et matérielle, irréparable. »

— « Les hommes les plus intelligents et les plus instruits fondèrent leur domination sur ces préjugés qu'ils partageaient d'ailleurs. »

— « Chaque système philosophique est emprunté aux connaissances scientifiques de l'époque.

— « Ce qu'on appelait autrefois Dieu, on le nomme aujourd'hui l'inconnaissable.

— « Il y a, à côté de la science positive,

la science idéale qui comprend nos espérances, nos imaginations. »

— « Chaque système est un échafaudage appuyé à la base sur des faits et dont
la certitude diminue à mesure qu'on
monte.

— Quant aux fins ou aux origines, ce
n'est pas leur connaissance qui peut fournir
la direction de la vie ! La science tend d'un
lent effort vers des solutions *obscures*, en
s'appuyant sur des généralisations *progressives*, qui deviennent de *plus en plus*
douteuses.

— « Ce qui caractérise la science moderne, c'est qu'elle s'empresse de déclarer
l'incertitude CROISSANTE de ses constructions idéales.

— Jamais les dogmes religieux n'ont
apporté aux hommes la découverte d'aucune vérité utile, ni concouru en rien à
améliorer leur condition, ce ne sont pas

eux qui ont inventé l'imprimerie, le téléphone, les matières colorantes.

Ce ne sont pas les dogmes religieux qui ont proclamé le respect de la vie humaine, l'égalité et la solidarité des hommes.

— « L'homme de notre temps trouve au fond de sa conscience le sentiment ineffaçable du devoir ».

— « L'homme trouve la morale en lui-même.

— « La notion plus haute et plus noble de la solidarité humaine a été si longtemps paralysée par celle de la charité chrétienne, qui représente un point inférieur et désormais dépassé ».

— C'est le verbiage d'un ouvrier ignorant éduqué à l'école du soir et nourri du curé *Meslier* et du *Citateur* : chaque proposition témoigne d'une ignorance si crasse que le comique ne paraît pas. — m'écriai-je.

— Mais non, reprit mon interlocuteur ; l'auteur de ces propositions est professeur au collège de France, directeur et président de section à l'école des hautes études, secrétaire perpétuel des sciences, bientôt secrétaire à l'Académie française, logé par l'Etat, stipendié par les francs - maçons et même auteur d'un livre qui est là sur vos rayons : *les Origines de l'alchimie.*

— Comment, m'écriai-je, — Berthelot serait devenu fou ?

— Pas plus que Brunetière, l'auteur de cette apologie du christianisme qui nie la démonstrabilité de l'âme et de Dieu.

Et, satisfait de ma stupeur, il posa sur ma table une brochure *La Science et la Religion* de M. Brunetière et une revue contenant la *Science et la morale* de M. Berthelot ; enfin le recueil de M. Richet enrichi de six toats de Charenton.

Science, dit l'un
Religion, dit l'autre
A tous deux, je dis : *conscience*.

S. P.

I

DE L'IMPOSTURE EN MATIÈRE APOLOGÉTIQUE

On m'apporte, Monsieur, votre brochure et
j'y trouve de si étranges propos, soit parmi
ceux que vous rapportez, soit parmi ceux que
vous tenez vous-même, que ne je résiste pas au
devoir de la correction fraternelle.

Vous menez sans égard MM. les journalistes,
ils n'attendent pas que je prenne leur défense ;
j'ai subi plus d'injustice que vous, sans
compensations ; mais laissez-moi vous faire
un reproche préliminaire : l'exagération de
votre personnalité.

Un artiste créateur seul, peut se permettre
un tel grandissement de son moi ; vous êtes un
esprit de tradition, mais sans œuvres, et votre
contenance a de quoi étonner les deux partis ;

quel adversaire êtes-vous pour les savants ;
quel porte-paroles pour les chrétiens ?

Vous avez prononcé une parole singulière-
ment hardie « les faillites de la science ».
Qu'est-elle la science, sinon le déterminisme
ou le normisme des phénomènes : par conséquent, elle ne peut avoir failli à son objet,
elle peut seulement en avoir été *détournée* par
des imposteurs. Qui donc jugerait, de faillite
chrétienne, les abominations commencées par
Charlemagne massacrant les Saxons jusqu'à
l'Inquisition d'Espagne et de Flandre, et aux
infamies espagnoles en Amérique.

La Science n'est pas plus responsable des
assertions que lui imposent les sectaires, que
la Religion ne doit compte des agissements fa-
natiques.

Ceux donc qui promirent, au nom de la
science, des résultats qu'elle ne comporte pas
ont été simplement des charlatans et non
pas des savants. Ils ont, comme Tartufe pro-
pose à Elmire de lui ôter ses scrupules, offert
au public de lui ôter ses inquiétudes d'au-
delà. Il y a de faux savants comme il y a de
faux dévots, et ni la Science ni la Religion

n'en doivent pâtir. Vous n'ignorez pas que la sorcellerie du Moyen Age faisait servir la divine Eucharistie aux pires agissements de crime et de haine : tel est le fruit ordinaire du libre-arbitre humain, qu'il corrompt, pour en servir ses vices, les notions les plus pures. Vous citez cette ineptie d'Auguste Comte « que l'état théologique est la phase embryonnaire de l'intelligence. » S'il faut entendre cela d'une autre planète que ledit Auguste Comte aurait visitée en songe, soit ; mais pour l'humanité à laquelle nous appartenons, je le répète, l'assertion est inepte. Les cinq mille ans prouvés de l'Orient ne furent qu'une immense et perpétuelle théocratie : les philosophies elles-mêmes n'ont jamais été que le développement de la partie réservée des Religions et je voudrais bien savoir quel est le livre, le monument, le tableau, la statue, la vertu, qui ne soit pas théologique.

La Science actuelle est tellement peu en droit d'usurper sur la Religion ! Elle ignore entièrement l'Hyperphysique c'est-à-dire les phénomènes animiques du dynamisme supérieur, et ce qui est plus grave encore, elle

n'a que la moitié d'une méthode : l'expérience.
A la décharge de quelques-uns, à votre confu-
sion, Monsieur, quelques savants ont aperçu
que le Mystère, tel qu'on nous le présente,
emmarge sur le déterminisme. Vous donnez
comme Pascal le miracle en preuve de la
vérité d'une doctrine, sans songer que vous
attribuez ainsi au Brahmanisme et même à des
sectes inférieures, une indiscutable suprématie
sur le Christianisme.

Le miracle prouve la foi du miraculé, du mi-
raculant, des assistants, du lieu, et rien de plus.
Je suis catholique romain et sortant tout
l'heure pour porter ces pages à l'imprimerie, si je rencontrais un homme guérissant les
aveugles, les paralytiques, les hémoroïsses,
même ressuscitant le mort d'un enterrement
qui passe, je ne croirais nullement avoir
affaire ni à Dieu ni même à un ange, car je
le répète toutes les religions ont fait des miracles sans aucune proportion avec la beauté
des doctrines.

Seulement, un des effets de l'étude est de
nous montrer nos tendances comme celles
même du collectif. Chacun ne proposa jamais

à autrui que son propre idéal, et le savant ayant pour idéal légitime de reculer un peu l'horizon de mystère qui nous borne, prit son ambition pour un résultat. Il avait le désir de réduire une parcelle d'inconnu, il a été lyrique dans une matière où il faut être logique, pardonnons-lui.

L'être humain a besoin d'émotions : la sensibilité est un des noms supérieurs de' la vie. Or, là où la métaphysique reste stérile, la physique fera en effet faillite, car on l'engage sur un terrain où elle ne peut se produire. Quelle réponse aux mille mouvements de l'âme, quelle réponse d'amour, quelle caresse, quelle volupté, la science peut-elle offrir à l'homme? Or, l'âme humaine vit de ces réponses d'amour, de ces caresses, de cette volupté qui a sa forme pour quelques-uns dans la Pensée et dans l'Art et pour tous dans la Religion.

Au cours de votre brochure, vous confondez perpétuellement l'âme et l'esprit, oubliant que l'homme étant la créature d'un Dieu unique d'essence et triple de personne, l'homme est fatalement un être ternaire, animal toujours, animique communément, intellectuel par exception. Si l'on tentait de nourrir organiquement l'homme avec des émotions, il mourrait; on a cependant proposé de substanter la vie animique par des idées et c'est le cas de ceux qui ont cru remplacer la dévotion par l'étude, et la certitude religieuse par le mysticisme de la matérielle recherche.

Lorsque vous dites « qu'est-ce que l'anatomie et la physiologie nous ont appris de notre destinée? elles nous avaient cependant promis. » Voilà, Monsieur, une tournure de mauvaise foi. Monsieur Berthelot ou Monsieur Bouvard ou Monsieur Pécuchet ou Monsieur Bonhomet avaient promis, mais non pas l'anatomie ou la physiologie.

Certes le Discours sur la Montagne a conquis le monde et je fais humble partie de cette conquête, mais si vous connaissiez la Bagavah Gita, vous verriez à quoi sert cette philologie qui, selon vous, n'a pas tenu ses promesses et qui, au contraire, dépassant toute atteinte, nous a montré les origines aryennes de cette Grèce qui nous régente encore, et nous a appris à ne plus confondre, ce que vous faites couramment, Notre Seigneur Jésus-Christ avec le prétendu peuple de Dieu, enfin à distinguer le sublime Galiléen de l'épouvantable race de David.

Vous avez une forte et louable habitude, la citation bossuétique.

Mais lorsque sur quelqu'un on prétend se régler...

Vous citez cette assertion « que la Bible présente le même corps de doctrines et enfin la même substance » c'est à croire que vous l'avez lu comme les chantres psalmodient. Quel moyen de rapprochement trouvez-vous entre Iahvé, Dieu national, et le Lógos de saint Jean ? Comment d'après les textes d'Égypte, d'après le Rouleau des Morts; d'après les inscriptions de Kaldée, les stèles de Goudéa et les briques de Ninive; d'après les lois de Manou et l'Avesta, — osez-vous encore appeler Israël le peuple de Dieu ! ,

Que signifierait cette élection singulière et tardive d'un débris sémitique à une telle partialité divine, je dirai même à une telle passionnalité divine ?

Vous êtes dupe d'un prestige purement littéraire. L'Occident a trouvé dans l'Écriture israëlite des images usuelles prodigieusement humaines et les a adoptées. A côté des autres littératures de l'Orient, la Bible apparaît le chef-d'œuvre au point de vue esthétique et psychique. Mais si vous comparez un seul des commandements de Manou à ceux de Moïse, un seul des dialogues de Krishna avec l'Ecclésiaste, vous verrez que s'il y a un peuple élu par sa charité innée c'est celui du Gange et non pas les Abrahmides. Vous vous efforcez à démontrer combien la certitude est illusoire en matière d'exégèse comme en historique.

« La grande question est de savoir s'il existe une loi de l'histoire » et vous ajoutez : « c'est ce que nous ignorerons toujours! ni la paléographie ni la diplomatique ne nous ont donné là-dessus de réponse. Elles nous en devaient une: » Ne savez-vous pas à votre âge, Monsieur, que la recherche des lois ou synthèse ou mathèse, est une œuvre extrinsèque à toute étude, et le langage coutumier vous en avertit puisqu'on écrit ordinairement philosophie des sciences, philosophie de l'histoire. Vous dites encore « les sciences historiques ne sont qu'une curiosité vaine, si leurs moindres recherches ne tendent pas à la philosophie de l'histoire » ce qui équivaut à cette étrange proposition que l'analyse qui n'est pas de la synthèse est misérable, que l'accumulation et l'appropriation des matériaux est inutile à l'édification. Je ne connais pas vos œuvres, Monsieur, elles sont critiques je crois; vos moindres recherches tendent-elles si exactement à la philosophie du sujet traité ?

Ceux qui ont affirmé résoudre le métaphysique par des critères physiques ont été des dupeurs, mais ceux qui les ont cru ont été des niais. « S'il est vrai que depuis cent ans la Science ait prétendu remplacer la Religion » phrase qui mérite une traduction sensée : depuis un siècle les succès, les honneurs et les charges publiques n'étant plus distribués que comme prix d'irréligion, il s'est trouvé des savants qui ont prostitué la Science suivant leurs intérêts. Ce sont ceux-là qui ont perdu la partie, Monsieur, et non pas la Science qui est sainte et auguste en soi, et qui a pour caractère d'honorer Dieu dans la substance. La science a perdu son prestige, telle est votre

conclusion, proposition équivalente à dire que
a peinture a perdu le sien à cause de
mauvais peintres. Non, Monsieur, le prestige
que vous voyez à terre est celui de quelques
savants sectaires de la négation; mais si je
vous écris ce n'est pas pour défendre une activité qui n'est pas la mienne. Soyez injuste
sur ce point, vous serez encore tolérable;
c'est l'apologiste en vous qui m'inquiète et
malgré les bonnes corrections que vous appliquez aux protestants, c'est l'avocat du Pape
que j'incrimine. Vous appliquez à Léon XIII
l'épithète de politique, et ainsi vous l'abaissez
d'un coup. Celui que le Saint-Esprit inspire,
qui est le premier personnage de l'humanité et
ne relève que de Dieu, ne saurait se conduire
dans un sens politique. Le Pape est abstrait
ou il n'est pas : le Pape est la corporéité de
l'Eglise, le Pape est Verbe et non pas dynastie, et non pas césarisme. Seul des monarques
il ne peut rien concéder à l'actualité; immobile au-dessus du cours des siècles, il ne peut
se modifier sans déchoir : le Pape n'évolue
pas, il permane.

Vous êtes un esprit laïque et vous avez compris la figure de Léon XIII par ce qui en est l'ombre, sa laïcité. Le Comte de Chambord a toujours eu le suffrage de ses ennemis, et Léon XIII est plus estimé des libres-penseurs que des croyants : triste symptôme. En ses mains, les foudres d'Hildebrand sont devenues inertes, et considérez un moment la situation des catholiques français. A tout prendre, ils étaient encore un parti quand le Saint-Père ordonna le ralliement à la République ! Que sont-ils aujourd'hui ? Un néant. Avec une cruauté singulière, le Pape politique a rejeté sa fille aînée de son sein et l'a poussée aux mains des ennemis. Exhortant les catholiques à prendre du service dans la République Athée, Léon XIII savait parfaitement qu'il massacrait ses mamelucks. Quelle résistance peut faire à la loi l'époux, le père, fonctionnaire de l'État ? Tous ceux qui donnèrent leur démission au moment des décrets peuvent s'appeler les dupes de Léon XIII; car en cette persécution, les ouailles ont valu mieux que les pasteurs, et tout le monde mieux que le Saint-Père. Beaucoup ont souffert pour l'Église à ce moment : le Pape, lui, n'a même pas parlé. Le dernier résultat des concessions papales c'est donc le droit d'accroissement. Cette ignominieuse loi qui semble élaborée par des ivrognes de 93 n'excepte pas même les Petites Sœurs des Pauvres. Vous citez vous-même ce passage de la Lettre aux Cardinaux français : « Acceptez la République, soyez-lui soumis comme représentant le pouvoir venu de Dieu. »

Permettez-moi de vous opposer l'Encyclique *Diuturnum* (juin 1884) : « Le « cas unique où on ne doit pas obéir est « le cas où ce qu'on demande répugne « ouvertement au droit naturel ou divin : « car il est aussi défendu d'ordonner que « d'accomplir ce qui viole la loi de nature « et la volonté de Dieu. Si donc quel- « qu'un se trouve dans l'alternative de déso- « béir aux ordres de Dieu ou aux ordres de « l'État, il doit obéir à Jésus-Christ « quæ « sunt Cæsaris Cæsari, quæ sunt Dei Deo », « et répondre courageusement à l'exemple « des Apôtres. « Il faut obéir à Dieu plutôt « qu'aux hommes. » Et on ne peut accuser de « désobéissance ceux-là, car si la volonté du

« *gouvernement lutte contre les lois de Dieu,*
« *cette volonté a dépassé son droit et sort de*
« *la justice ; or, toute autorité qui viole la*
« *justice cesse dès cet instant.*

Il est inutile n'est-ce pas, Monsieur, d'appliquer ces principes d'une théologie orthodoxe sur celui-là même qui les a énoncés. L'évidence aveugle que le ralliement à la République implique l'inertie devant tout ce qu'elle pourra commettre d'anti-religieux.

Il y a une inexprimable douleur, pour un catholique, à juger son Pape, et soi-même l'on est ingénieux à l'excuser, tellement on a besoin de croire en cet unique chef. L'excuse où la raison des concessions romaines se trouve dans la lâcheté du haut clergé français, séquelle de fonctionnaires, dont l'archevêque Richard est le scandaleux modèle.

L'évêque qui accepte l'exercice et l'apprentissage de l'homicide national pour ses clercs s'assermente. Rome reconnaît donc l'orthodoxe du clergé français assermenté. L'Encyclique du 29 Juin 1881 consacre le suffrage universel : « *le gouvernement de la chose publique pourra être laissé judicio multitudinis.* » ce qui est contraire non seulement au catholicisme mais au sens commun. Si donc vous concevez le catholicisme suivant Léon XIII, vous ne le concevez pas tel qu'il a été jusqu'à lui, même dans la personne de Pie IX ; et pour vous faire toucher la pauvreté générale de votre expression vous dites, « la physique ne peut rien contre le miracle puisqu'il se définit une dérogation de la nature à ses lois », et cependant vous avez peut-être lu la Logique de Port-Royal, mais vous l'avez oublié.

Qu'est-ce donc que cette loi qui laisse à la nature la liberté de déroger ? Qu'est-ce que cette nature optante entre l'obéissance et la liberté ? et qu'est-ce enfin ce Créateur aux lois duquel la nature peut déroger ? Le premier attribut de Dieu c'est la prescience. Or si une occasion se présente de dérogation à la Norme, Dieu n'a pas prévu, car le caractère d'une loi est d'enfermer toutes les éventualités d'un fait. Le miracle paraît au phénomène régulier ce que, dans l'orgue, le pédalier est au clavier proprement dit.

« L'exégèse ne peut rien contre la Révélation et ce n'est pas dans la physiologie que nous trouverons une base à la morale. » Au contraire, l'exégèse en montrant la simultanéité des mêmes principes chez des races absolument distantes de génie et de lieu, prouve la Révélation. En outre, si vous saviez ce qu'est l'analogie et les parallèles qu'on peut tirer du physique au métaphysique, de l'organique à l'animique, vous verriez que la physiologie nous fournit une base de morale, comme la morale une base de physiologie. D'après vous, on ne démontre ni la divinité du Christ, ni l'immortalité de l'âme, ni l'existence de Dieu. Quelques pages plus haut vous avez appelé saint Thomas « un des plus beaux génies dont se puisse honorer l'histoire de la pensée humaine. » Vous pouvez consacrer vos loisirs à réduire l'antinomie que vous avez créée.

Voilà encore de vos incartades, Monsieur : « il n'appartient pas à la science d'infirmer ou de fortifier les preuves de la Religion. » Il n'appartient pas à la pluie, au mauvais temps d'influer sur la *Revue des Deux-Mondes*, mais il lui appartient d'influenzer son Directeur.

Autre facétie de votre goût : « il n'appartient pas à la Religion de discuter les acquisitions de l'égyptologie. » Vous voulez empêcher la Religion de rechercher sa sœur aînée, la Révélation primitive ?

Ensuite il ne vous paraît pas que la Morale ait été liée à la Religion. Vous parlez dans une note du polythéisme hellénique ; vous vous servez de cette expression « les dieux d'Aristophane. » En seriez-vous encore à l'enseignement universitaire ? Croyez-vous que les intellectuels aient jamais, en aucun lieu, admis la pluralité des dieux et ne savez-vous pas, que même dans le Catholicisme, par un effet usuel de la dévotion, le sentiment est polythéisme c'est-à-dire anthropomorphique ? Vous tempérez l'amour de Bossuet par le souvenir d'Edmond Schérer : il faut être bien à court de textes pour découvrir celui-là : « le devoir n'est rien s'il n'est sublime, » en ce cas vous êtes sans devoir, car vous êtes sans sublimité.

Vous citez à l'appui de votre article des lettres de quidam et même de quædam. Une bonne dame radote en ces termes : « catho-

lique, protestant, ces mots n'ont plus d'actualité. »

Votre opuscule finit par de la querelle.
L'habileté de M. Berthelot qui est extrême
en effet, passe peut-être sa science, mais
vos récriminations contre la complication
et les dépenses de la guerre ressortent bien
plutôt de la morale que de la science. Le
Pape admettant le principe des nationalités et
partant le patriotisme, se déclare connivent
de toutes les abominations nationales.

Vous auriez pu dire que les remèdes deviennent des maladies tels la morphine, l'éther :
vous auriez mieux fait de blâmer la vulgari-
sation scientifique qui a fait tout le mal. Je
comprends qu'en manière de conclusion vous
vous étonniez d'avoir fait tant de bruit pour
si peu de besogne ; car en réduisant votre
article-brochure à ses traits essentiels, il se
résout en deux arcanes prestigieux ; la science
n'a pas tenu les promesses de MM. Berthelot
et consorts ; et grâce à la politique de Léon XIII,
le catholicisme est encore la plus puissante
machine de répression morale.

Le docteur Max Nordau, persuadé que la

pure science intéresse peu de monde, s'est récemment amusé en deux énormes volumes sur la faillite du génie. Vous avez découvert que l'anatomie ne nous apprenait rien de notre destinée, et Max Nordau a trouvé que l'hyperesthésie cérébrale troublait l'harmonie organique. Mais le physiologiste dont je parle est un ironiste, il blague et vous, de goût professoral, vous pontifiez. Il y a dans votre phrase du geste à férule, vous en donnez sur les doigts à Monseigneur d'Hulst : vous ne pouvez aimer un homme plus dédaigneux que vous. Vous faites une mauvaise querelle à M. Clémenceau ; envoyant son livre à la *Revue des Deux-Mondes* après avoir mal parlé du directeur ; il vous flattait vous supposant quelque grandeur d'âme depuis votre colloque avec le Chef de la Chrétienté : mais vous avez une humeur aussi bilieuse que si la *Revue des Deux-Mondes* était restée à M. Pailleron.

En somme c'est la *Revue des Deux-Mondes* c'est-à-dire un papier influent qui a irrité MM. les savants et satisfait de vagues spiritualistes : moi-même je réponds bien plus au

Directeur de la *Revue des Deux-Mondes* qu'à M. Brunetière.

Vous êtes une force plutôt que quelqu'un, et si vous ne l'avez pas assez senti, du moins vous n'avez pas osé donner comme un artiste votre simple impression de cette audience du Saint-Père, et vous avez professé, mais quoi ? La faillite de la Science est analogue à cette prophétie de Victor Hugo : « au vingtième siècle, la guerre sera morte, l'échafaud sera mort », la mort sera morte.

Le Très-Saint Père menant les affaires de l'Eglise selon des procédés à la fois laïques et italiens, se sert de n'importe qui pour des ballons d'essai : il tâte ainsi l'opinion. Le Cardinal Lavigerie fut sacrifié au lancement de l'adhésion catholique aux persécutions, et vous-même, Monsieur, êtes certainement le bouc émissaire de sa Sainteté. Pour me servir d'une formule biblique puisque la Bible vous est chère : « vous êtes l'Imoàh que le Nouah de Rome envoie pour savoir où en est le déluge des opinions décadentes. » (Bereschit. VIII. 8.)

Il y a du courage intellectuel et c'est le seul

mérite, à accepter une telle mission quand on
n'est pas un fidèle. Entre votre attitude morale et celle de M. Berthelot, il y a la différence
d'Alceste à Philinte et à Philinte ambitieux.
Vous êtes grognon, vous êtes rugueux,
irascible, désagréable, mais sincère, probe et
sans cautèle. Vous vous êtes certainement
proposé de témoigner pour la lumière ; votre
siège est fait, vous avez de la vie ce que vous
vouliez et vous êtes incorruptible parce que
satisfait : mais vous êtes victime de ce mirage
qu'on appelle antinomie. Entre la physique et
la métaphysique vous ne voyez ni la science
ni la méthode intermédiaires. Vous êtes affecté
par la lumière et l'ombre, et la zone intermé-
diaire, la pénombre vous échappe. Il existe
une méthode que j'appellerai pénombre et qui
unit le phénomène au noumène. Son nom
décrié est magie, hermétisme, occultisme.
Dans la langue de Claude Bernard cela s'appelle l'harmonisation des rapports ou rela-
tivités.

Vous défendez la Religion, vous accordez
presque qu'elle génère la Morale : voilà qui
est excellent mais oublier qu'un demi siècle

nous a restitué une chronologie certaine de
4500 pour l'Egypte, de 4000 pour la Babylonie ; le Védisme, le Brahmanisme, le Yogisme
et le Boudhisme : quatre religions immenses
pour une seule race. Avant Vinckelmann on
ne distinguait une statue grecque d'une romaine, le mot antique désignait Parthénon
et Colysée.

Votre culture, au reste, est étroitement littéraire, vous en êtes encore à Israël peuple de
Dieu ; en logique, vous valez moins encore. Il
faut que la religion soit tombée bien bas pour
que votre défense ne paraisse pas une injure :
vous louez S. Thomas et vous niez les preuves
intellectuelles de la foi, vous croyez à Jésus-
Christ et vous ne croyez pas que Dieu soit
prouvable.

Si on pouvait compromettre l'Eglise vous
l'auriez compromise : Lavigerie est mort d'une
témérité qui venait du Vatican, mais vous
avez *la Revue des Deux-Mondes,* c'est un bou-
clier, une épée, c'est tout le secret de ce bruit.

Moralement vous valez mieux que M. Berthelot ; intellectuellement, il existe beaucoup
plus que vous-même : c'est un imposteur

mais il a travaillé originalement. Vous avez, vous, pris dans le passé les admirations nécessaires à voiler votre haine du talent vivant votre haine de l'œuvre créée que vous ne pouvez faire.

Je pense que sa Sainteté a connu par votre aventure ce qui l'inquiétait et le Catholicisme toute sa misère d'être défendu, d'une sorte si blasphématoire.

II

DE L'IMPOSTURE EN MATIÈRE DE SCIENCE

> La République résume la Science,
> la Liberté, la Justice.
> (Brisson: Toast à Berthelot).

D'après vos propos, Monsieur, vous incarnez la Science et vous voulez voir le mysticisme en M. Brunetière.

L'honorable académicien est un esprit classique qui a obéi à une impression de logique; vous, par cette seule expression de « retour offensif du mysticisme » vous vous dévoilez sectaire.

· « La Morale précède la Religion ». Sur quel exemple historique basez-vous ce bizarre théorème; l'Éthique peut-elle générer la Mystique et quand cela s'est-il produit?

« Les religions ne sont que des emprunts de notions et d'hypothèses faits aux connaissances d'une époque. » Que signifie ce terme « connaissances d'époque »? Les Berthelot du passé? Le catholicisme serait-il menacé de vous emprunter des notions ou des hypothèses, par exemple celle-ci : « C'est la Science seule qui a transformé depuis le commencement des temps la condition morale de la vie des peuples. »

Pour vous, la Religion se borne « à engourdir les mortels dans le sentiment de leur impuissance ». Vous excluez le mot mystère du langage scientifique, ce qui équivaut à dire que vous excluez de la France ce qui est au delà de sa frontière. En aucune occurence le mystère n'a eu sa place dans la méthode expérimentale puisqu'il est la zone où l'expérience n'aboutit pas. Quant à dire le miracle synonyme de mystère, cela n'est ni théologique ni scientifique. Soit qu'un rayon de miséricorde descende sur le patient, soit qu'il y ait phénomène d'autosuggestion ou de dynamisme collectif, certaines cures valent comme des miracles parce qu'elles sont obte-

nues en dehors des conditions thérapeutiques
ordinaires qui, même théologiquement n'ap-
partiennent pas au mystère.

Le mystère est à la fois le total des Normes
unies au double total de nos ignorances et de
nos impuissances; en supposant que nous
connaissions toute la causalité possible de la
Mort, notre volonté resterait impuissante à
la vaincre. Le mystère n'est pas seulement ce
que l'Institut ignore, c'est toutes choses dont
nous avons le désir sans en avoir la puissance.

« Nous rejetons le miracle et le mystère
parce qu'en approfondissant les phénomènes
nous avons toujours rencontré une relation
entre les effets et les causes ». Si votre méthode scientifique consiste dans la relation de
l'effet à la cause vous n'êtes qu'un plagiaire de
la Théologie qui a toujours constaté les rela-
tivités causales.

Au reste, vous n'avez pas le ton aussi claïron-
nant qu'il paraît. Jadis vous fûtes un peu fami-
lier avec le mystère; je ne sais plus en quels
termes vous le résolviez. Aujourd'hui vous
déclarez ceci: « Parmi l'infinie variété des
phénomènes, nous ne parviendrons jamais à

en parcourir et à en observer que la plus minime partie. » Cet aveu est touchant, mais peu propre à faire des prosélytes. Quoi, vous ne parviendrez qu'à observer la plus minime partie des phénomènes et après cette déclaration vous viendrez nier le mystère? mais vous en avez donné une excellente définition : « Le mystère est la plus grande partie des phénomènes que les savants, d'après leur aveu, ne parviendront jamais à observer. » Il est vrai qu'oubliant votre mouvement de véracité vous affirmez à nouveau que « la méthode scientifique est la seule qui mène à la connaissance ». En tous cas elle vous a mené à une des âneries les plus colossales que journaliste ivre d'absinthe ait écrit sur le marbre des cafés: « Les peuples et les particuliers qui ont adopté le mystère et l'inspiration divine comme guides fondamentaux. *(Vous désignez ici, Monsieur, tous les peuples sans exception)* n'ont pas tardé *(Egypte: cinq mille ans; Babylonie: quatre mille ans; Chine: trois mille cinq cents ans)* à tomber dans une ruine morale, intellectuelle et matérielle, irréparable. » Il est honteux, Monsieur, lorsqu'on est membre de l'Institut de feindre une pareille ignorance : pour vous répondre il faudrait vous ânnonner le précis d'histoire des basses classes.

« Les hommes les plus intelligents et les plus instruits fondèrent leur domination sur ces préjugés *(Dieu, immortalité de l'âme, vie future, Karma)* qu'ils partageaient d'ailleurs ». Prenez garde, Monsieur, si ces préjugés étaient partagés par les hommes les plus intelligents et les plus instruits de Memphis ou de Babylone, vous êtes forcé d'admettre, d'après les monuments qui nous restent, qu'il y eut six ou sept mille ans avant vous des Berthelot ayant poussé leurs études assez loin pour constater le Mystère.

Vous n'entendez pas grand chose aux matières que vous traitez, disant : « le miracle était alors obligatoire pour la divinité. » vous voulez dire pour le sacerdoce. En effet, une religion doit faire des miracles ; elle a les moyens nécessaires, elle dispose d'un dynamisme moral dont le meilleur emploi sera toujours le miracle autant dans le sens de la charité que dans celui de l'édification. Socrate a bu la

ciguë parce qu'il enseignait l'anarchie, la
communauté des femmes, des enfants et des
biens, parce qu'il attaquait non pas une loi
athénienne, mais la loi absolue de tout état
social. Pourquoi voulez-vous rendre la métaphysique tributaire de la physique alors que
vous repoussez avec détestation tout parallé-
lisme entre le déterminisme et la Foi. « Le
contenu solide de chaque grand système philosophique a toujours été emprunté aux connaissances scientifiques de l'époque. » Eh
bien! Monsieur, quand vous joindrez un bal
paré à vos banquets, déguisez-vous en ours
et prenez en main un pavé. Ah! vraiment les
systèmes philosophiques empruntent toujours
à la Science de leur temps. Schopenhauer,
Hartmann, Stirner, Karl Max, Bakounine seraient donc l'écho des Berthelot? Vous êtes
donc le Jean Grave de la Science?

Vous avez une façon tout à fait galante de
tourner le blasphème, on dirait d'un Saint-
Evremond de Loge maçonnique. « Ce qu'on
appelait autrefois Dieu et l'autre monde et
qu'on nomme aujourd'hui l'Inconnaissable. »

Et nous aimons bien mieux nous autres, gens d'étude,
Une comparaison qu'une similitude.

Ah ! docteur Sganarelle, vous nous la baillez
forte, *Bonus, Bona, Bonum!* Mais nous savons
la métaphysique et personnellement nous
avons manié les mots avec plus de dextérité
que vous-même pour leur faire rendre des
harmonies et des couleurs d'âme vive : nous
vous assurons, si comme un méridionnal vous
êtes dupe de votre duperie, qu'Inconnaissable
est un nom de Dieu très orthodoxe, il affirme
son existence et en même temps notre irrémé-
diable relativité. Du reste il y a chez vous un
léger panachement esthétique, une pose florentine qui vous fait mettre une plume au
doctoral bonnet; seulement la plume que vous
avez fichée aujourd'hui sur votre calotte de
prétendu Léo Baptista Alberti, vous l'avez dé-
robée au pompon d'angle des dais de proces-
sion, car vous avez deux sciences : une pour
embêter M. Brunetière et pousser vos affaires
sous un gouvernement athée, et celle-là vous
l'appelez positive; vous en avez une seconde
pour ne pas rebuter les dames et les artistes,
la science idéale. Il y a donc une science qui

n'est pas positive et il y en a une autre qui n'est pas idéale. Ah! Monsieur, que je vous veux de mal de n'avoir pas été grand-maître de l'Université quand j'étais élève intellectuel de cette boîte! La science idéale ou la science Bertholine comprend les espérances prochaines de chacun, ses imaginations et les probabilités lointaines. Voulez-vous m'expliquer comment cette méthode que vous avez définie relativité d'effet à cause, reliera vos a posteriori à vos espoirs et à vos hypothèses. Vous observez les faits internes dévoilés par la conscience : mais la conscience n'est elle-même qu'un de ses faits internes qu'il s'agit de dévoiler. Rien de si idiosyncrasique que la conscience. Pour M. Brunetière, vous n'avez même pas de conscience! Du reste vous la définissez « sensation intime » ; vous auriez pu dire aussi bien, suivant le dictionnaire : « sentiment intime », car si le phénomène du remords et celui de la colique vous semblent identiques, vous seriez un simple matérialiste c'est-à-dire un imbécile, Monsieur, quoique de l'Institut.

« Chacun se construit son système du

monde, » Quelle imagination merveilleuse vous attribuez à l'espèce! Je croyais les notions cosmiques moins nombreuses que cela, et que la plus grande originalité était dans une harmonisation de rapports. Vous connaissez sans doute une élite de Mahatmas qui dédaignent de parler et d'écrire, comme des chartreux brûlant leurs œuvres, se contentent d'être sublimes pour leur nombril, sous les branches de l'Acacia symbolique et le regard ébloui des Vénérables Pécuchet et Bonhomet, trente-troisième degré Kadosch.

La Tour Eiffel vous a inspiré une belle image. « Un système est un échafaudage appuyé à la base sur les faits mais dont la solidité ou certitude ou probabilité diminue à mesure qu'on monte. » Savant, ne montez pas! Laissez l'éternelle sœur Anne voir venir l'Au-Delà!

Vous affirmez que les philosophies comme les religions sont toutes fondées sur la science. Il n'y a qu'un malheur à cela : c'est que nous sachions très exactement comment les deux religions les plus importantes du monde actuel se sont fondées. Cherchez dans l'Evangile votre base scientifique, cherchez-la dans le Manava-Dharma-Sastra et dans le Lalista-Vistara.

Vous dites entre temps, pour ne pas perdre le fruit des conférences que les épiciers en retraite font dans les Loges, que « le dogme de la Trinité est emprunté aux Alexandrins, » qui l'avaient emprunté aux Persans, lesquels l'avaient emprunté aux Hindous, lesquels le tenaient des Egyptiens qui, eux, le tenaient des Atlantes.

« Poussées à bout, les religions finissent par faire appel à l'Inconnaissable ». Il m'a semblé qu'elles commençaient par là, que toutes les religions étaient des a priori, que tous les catéchismes et tous les credo commençaient par le point Dieu, — par conséquent elles n'attendent pas d'être en détresse pour avoir recours à ce qui est à la fois leur base et leur essence.

Vous êtes plus amusant à lire que M. Brunetière, peut-être parce que vous êtes moins sérieux que ce grognon. J'ai peine à concilier l'homme des « Origines de l'Alchimie » avec l'article que j'ai entre les mains.

Je vais détacher quelques-unes de vos assertions et les laisser à leur poids d'absurde.

Pensées Bertholines :

« Quant aux fins et aux origines ce n'est pas leur connaissance qui peut fournir la direction de la vie ».

« La Science tend d'un lent effort vers des solutions obscures en s'appuyant sur des généralisations progressives qui deviennent de plus en plus douteuses à mesure qu'elles s'appliquent à des lois plus éloignées de nos perceptions ».

« Si la Science ne ferme aucun horizon, cela ne veut pas dire qu'elle prétende avoir pénétré l'essence des choses ».

« Ce qui caractérise la Science moderne c'est qu'elle s'empresse de déclarer l'incertitude CROISSANTE de ses constructions ».

« Elle regarderait comme téméraire d'asseoir sur de semblables constructions les règles des applications industrielles aussi bien que les règles morales ».

« Nous respectons les sentiments moraux que les religions ont tirés de la Science ».

« Jamais les dogmes religieux n'ont apporté aucune vérité aux hommes ni concouru en rien à améliorer leur condition. Ce ne sont pas eux, les dogmes, qui ont inventé l'imprimerie, le téléphone, la photographie, les matières colorantes, ce ne sont pas les dogmes qui ont institué la tolérance, l'égalité et la solidarité des hommes ».

Ainsi, vous êtes égalitaire, Monsieur, ou vous êtes fou et vous me permettrez de vous juger très inférieur ! Cakya-Mouni, surgissant dans le pays de la caste par excellence, maintient encore sous son verbe de solidarité un tiers de l'espèce humaine. Le dernier des parias qui fait les œuvres du Buddha est au-dessus même du Brahmane. Vous dites que ce ne sont pas les dogmes qui ont enseigné le respect de la vie humaine ? ils ont enseigné le respect de toute vie, puisque Manou interdit la chasse aux rois.

« L'homme de notre temps trouve au fond de sa conscience le sentiment ineffaçable du devoir ». Ceci s'appelle la flagornerie du suf-

frage universel ; c'est une phrase bonne pour
des chambrées de sous-officiers réengagés.
Mais, Monsieur, ce sentiment ineffaçable du
devoir qui est dans l'homme de notre temps
est absent chez vous, il n'en reste plus trace !
Comment ! vous abusez des étiquettes qui si-
gnifient science officielle, pour venir nier les
plus évidents résultats de l'exégèse, de l'ar-
chéologie et de l'histoire, sans apporter jamais
une preuve de vos assertions ! vous voulez dé-
tourner au profit de votre paroisse le prestige
de toutes les paroisses ! Vous ajoutez : « Le
devoir est conçu d'ailleurs par l'homme vis-
à-vis des autres c'est-à-dire qu'il comprend la
solidarité ».

Ainsi la charité se trouve être instinctive,
l'homme naît bon et Jean-Jacques Rousseau
devient un vrai philosophe.

« Les intincts sociaux, les sentiments et les
devoirs qui en dérivent ne sont pas propres à
l'espèce humaine, mais ils sont inhérents à la
constitution cérébrale de l'homme. » !!!!!!

« Pas plus au point de vue extérieur de
l'histoire qu'à celui de la conscience intérieure,
la morale n'a été le produit des religions ;

l'homme trouve la morale en lui-même. » Mais il la repousse, Caserio avait alors sa morale en lui-même et la nécessité des répressions doit vous gêner un peu, Monsieur. Vous êtes immoral autant qu'un savant peut l'être ; vous voyez comme l'on peut différer.

« La notion plus haute et plus noble de la solidarité humaine a été si longtemps paralysée par celle de la charité chrétienne qui représente un point de vue inférieur et désormais dépassé. » Votre ennemi de la *Revue des Deux-Mondes* a énuméré jusqu'aux fraises dont vous êtes friand. Pourrait-on vous demander si l'emploi que vous faites de vos divers traitements dépasse l'usage qu'en eût fait saint Vincent de Paul ? Sont-ce les Rothschild, les Ephrussi qui vous ont donné ce spectacle de la charité chrétienne dépassée ?

« Le devoir, la vertu, l'honneur, le sacrifice, le dévouement, l'amour des hommes, la solidarité : telle est la morale dont les principes déjà inscrits dans nos lois tendent à développer chaque jour davantage leurs bienfaisantes conséquences. »

M. de Bonald qui, lui, pensait, a dit du Code

qu'il donnait les règles du combat entre citoyens et qu'il enseignait ce que l'on peut
contre le prochain.

« La morale évolue suivant les découvertes
physiologiques. » Voulez-vous me dire ce que
Brown-Séquard a modifié par ses découvertes ?

« Aujourd'hui les contes de fées ne sont
plus racontés aux enfants » et vous concluez :
« c'est ainsi que le triomphe universel de la
Science assurera aux hommes le maximum de
bonheur et de moralité. »

Non, Monsieur, le Mystère est l'horizon de
l'âme qui sans cesse attirée par lui, selon une
invincible aimantation, s'efforce de le perce-
voir, pour découvrir son origine et sa fin.

Le Mystère est le Soleil de l'âme : il l'é-
chauffe, l'anime, la nourrit et l'évolue. Point
de vie physique, sans calorique : point de vie
animique, sans mystère.

Tristan, Newton, Wagner, saint François
semblent divers ; tous incantèrent le mystère,
par le sexe, la science, l'art ou la foi.

En ce rite, qui est le mouvement même de
la vie supérieure, la passion s'efforce par l'exas-

pération de l'instinct : la science cherche l'idéal
dans la substance ; l'art s'éblouit en sa vision
des formes et saint François aux extases de
l'Amour illimité : volupté, vérité, beauté, charité ne sont que les facettes merveilleusement
prismatique u même diamant prodigieux.

Communément, le Mystère s'appelle Dieu ;
l'intellectuel dit « *non-être, aïn-soph* » et l'a-
nimique « *notre père qui êtes aux cieux* » ;
l'un croit aux idées et l'autre au miracle :
Pascal s'appuie aux prophéties, d'Olivet à la
philologie : le thème reste unique.

On peut dire que toute créature est malade
de mystère ; car, source d'horreur et foyer
d'allégresse, il palpite en nous aussi vivement
que l'artère : et pour lui échapper, il faut se
profaner déchoir et littéralement s'abrutir.

Dès que l'homme a cessé un moment de
lutter contre l'extériorité, dès qu'il a songé,
le mystère s'est levé, en lui, effroyable et eni-
vrant, ananké intérieure, faite de craintes et
d'appétences également vives, qu'il a fallu
résoudre en certitude et en sécurité.

Les religions sont nées d'un besoin aussi
impérieux quoique moins immédiat que celui

du corps ; elles demeurent la condition *sine qua non* des sociétés, comme le mariage, la famille et la propriété.

Et voilà pourquoi, Monsieur, vous êtes scientifiquement un imposteur.

III

D'UNE BEUVERIE
OU CINQ AUGURES SE GAUDIRENT
DU PÒVRE PUBLIC

Le Franc-Maçon, depuis qu'il n'est qu'un
confrère de l'assiette au beurre unit le goût
du blasphème à celui du banquet; sous ce
rapport les fils du Grand-Orient sont tous fé-
libres. Ils ne pensent que lorsqu'ils mangent.

M. POINCARÉ

Pour célébrer la gloire de Monsieur Berthelot et le triomphe du niveau d'âne sur les
intelligences on a banqueté le 4 avril, afin que
rien ne manquât à cette cérémonie laïque
le citoyen Poincaré qui ne considère pas la
logique, la métaphysique et l'histoire comme
branches de l'enseignement a félicité M. Ber-

thelot d'avoir déraisonné, faussé les notions et menti à l'histoire comme il appert de l'article de la *Revue de Paris*.

La chimie était une esclave des notations et des signes : Toussaint-Louverture-Berthelot l'a affranchie, littéralement. M. Berthelot a fait d'une science de *mort* une science de *vie*. « La matière organique a cédé comme la matière brute à vos investigations triomphantes ; vous avez ramené à l'unité le travail des forces naturelles. Vous êtes digne de personnifier la Science » et M. Poincaré que personnifie-t-il? le Vénérable de la Loge donnant des couronnes à l'excellent louveteau Berthelot.

M. BERTHELOT

Ecoutez maintenant le grand homme du Grand-Orient. Il commence bien : pour lui le triomphe de la raison est celui de la République. Il appelle les souscripteurs de son banquet « la gloire de la patrie et de la civilisation. » Cela ne l'empêche pas de dire « les citoyens venus autour de cette table y sont venus pour la liberté de l'art et la solidarité de l'humanité. Ils ont été convoqués au nom de la Science émancipatrice. » Il est bon que le public sache que moyennant *cinq francs*, on est appelé « gloire de la patrie et de la civilisation » par M. Berthelot en personne.

Le flatteur de foules à *cinq francs* par tête parle des philosophes et des savants de la Révolution ; étant chimiste, il doit penser à Lavoisier et se souvenir qu'on ne lui offrit d'autre banquet que la guillotine. Il valait peut-être M. Berthelot, quoiqu'il n'eût pas fait céder à ses investigations triomphantes la matière organique, la matière brute et la matière archibrute dont est fait M. Poincaré, grand'maître de l'Université.

Il se donne pour le représentant de cet idéal, il parle de sa vie constamment dévouée à la vie des hommes comme Gautama n'oserait parler de lui-même. « Le savant est modeste d'ailleurs, — ajoute-t-il, — voilà pourquoi il n'enseigne aucun catéchisme, car la science est devenue la source unique du progrès moral. » « La politique, l'art et la vie morale relèvent de la méthode scientifique. Le sentiment du Beau est en raison directe du progrès des sciences. L'art de la plus haute antiquité

4

s'appuie sur la science pratique; la poésie n'atteint sa perfection que par son accord avec les constatations scientifiques. Michel-Ange et Léonard s'étaient affranchis des préjugés dogmatiques de leurs contemporains. » Ceci est la parole d'un misérable !

Michel-Ange Buonarotti dicta le 18 février 1564 de l'ère romaine, 1563 de l'ère florentine, son testament en ces termes : « Je donne mon âme à Dieu, mon corps à la terre et mes biens à mes plus proches parents », et il pria ceux qui l'entouraient de lui rappeler au moment suprême la Passion de N.-S. Jésus-Christ. Cela est prouvé par une lettre de l'ambassadeur Serristori et du médecin Fidelissimi qui assista aux derniers moments du demi-dieu.

« Messire Léonard de Vinci, peintre du Roi pour le moment :

« 1° Il recommande son âme à notre souverain maître et seigneur Dieu, à la glorieuse Vierge Marie, à Monseigneur Saint-Michel, et à tous les bienheureux, anges, saints et saintes du Paradis.

« Le testateur veut qu'il soit célébré dans

ladite église de Saint-Florentin trois grand'-messes avec diacres et sous-diacres, et le jour se dira encore trente basses messes de saint Grégoire. »

Et maintenant Michel-Ange et Léonard s'étaient-ils affranchis des préjugés dogmatiques de leurs contemporains ou M. Berthelot s'est-il affranchi de toute pudeur ? De par ce vieux berger à l'accacia, Lamartine, Hugo et Leconte de Lisle sont en relation, avec la Science.

« La Science a émancipé la pensée, la pensée a émancipé les peuples ; quant au christianisme, il s'appropria simplement les idées morales des savants ». Nous demandons à M. Berthelot de nous dire les noms ou les titres d'ouvrages des savants de Galilée et de Iérouschalaïm à l'époque de Jésus.

« Le Christianisme concourut avec l'invasion des Barbares à amener la ruine de la civilisation ». Parmi les préjugés que la Science a détruits M. Berthelot énumère les qualités occultes, c'est-à-dire non encore déterminées dans les actions physiques, l'importance exclusive attribuée à l'espèce humaine dans l'univers. Cet homme de laboratoire ne jure pas par le Styx, il s'écrie : « J'en atteste Voltaire et Diderot ».

« L'originalité de la Révolution française c'est d'avoir créé ce foyer de lumière universelle : l'Institut ». O secrétaire perpétuel !

« La morale privée, la morale sociale et les institutions s'avancent aujourd'hui vers un idéal supérieur aux conceptions chrétiennes ». Ces conceptions sont, d'après le Grand-Orient : la haine de la nature », témoin le Cantique au Soleil de Saint-François d'Assise, — et « le mépris du travail » ; ainsi les moines étaient tous des fainéants, des mangeurs de Bon-Dieu, des propre-à-rien. Avant l'Institut, il n'y avait pas de travail : de Van Helmont à Lavoisier, nul ne parut digne d'être le préparateur de M. Berthelot.

Voulez-vous connaître le devoir tel que l'entend le secrétaire perpétuel ? il ne veut pas faire l'aumône aveugle et insuffisante ; il vous prend par la main comme un frère et un ami et vous assure votre part *légitime* dans les bénéfices de la Société. Si M. Berthelot voulait m'envoyer seulement les 26 fr. 60 qu'une

ignoble loi récente ajoute à mon loyer et si
me prenant par la main comme un frère, il
m'assurait ma part légitime à la rampe du
Théâtre-Français, je serais touché de cet argu-
ment ad hominem. Mais M. Berthelot s'inquiète beaucoup plus d'être secrétaire perpétuel des autres foyers de lumière, car il man-
que à leur gloire.

M. EDMOND PERRIER

Dans la pasquinade du 4 avril, M. Edmond
Perrier joue les Jocrisses. « Expliquer la vie,
en savoir la raison d'être, l'origine et le but,
ç'eût été un beau couronnement pour le XIXᵉ
siècle ». J'le crois.

« Qu'auraient fait sur la terre nos descen-
dants du XXᵉ siècle si nous ne leur avions
laissé aucun mystère à éclaircir? » Rassurez-
vous, bonhomme! la pathologie mentale aura
à expliquer comment il se fait que les savants
ne pensent pas. N'oubliez de léguer votre cerveau à vos confrères, c'est du reste la recom-
mandation que je fais à M. Berthelot, à ses
diacres et sous-diacres.

« Vous nous avez montré l'homme du

xx⁰ siècle fabriquant lui-même avec de l'air, de l'eau et du charbon, ces aliments que nous nous procurons aujourd'hui en détruisant des milliards de plantes et d'animaux. La margarine réhabilitée, le vin sans raisin, le Nord ne jalousant plus le Midi; voilà, mon cher Maître, l'âge d'or que vous avez rêvé et vous l'avez à moitié réalisé. Vos composés chimiques dont la fabrication semblait jusqu'à vous réservée à la Vie, pseudonyme en la circonstance de Dieu même.... Comment ne pas espérer que les composés chimiques s'animeront un jour sous l'influence d'une étincelle électrique d'un nouveau genre », l'homunculus de Paracelse.

M. RICHET

M. Charles Richet, lui, célèbre le philosophe et l'homme d'État, mais à vrai dire il a une phrase honnête : « Derrière chaque loi qu'on découvre, il y a une autre, puis une autre, puis une autre encore, sans qu'on puisse jamais aborder ni concevoir la dernière. » On ne peut pas dire plus poliment à M. Berthelot que si l'on hurle avec lui, on n'est pas dupe de ses boniments.

Il est digne de remarque que le discours de M. Charles Richet est de tous le moins plat et le seul à ne pas contenir des bêtises. Du reste ce savant a interrogé l'occulte avec une remarquable bonne foi et il a, sur les autres, l'avantage d'écrire une langue lisible.

M. DE MÉDAN

Maintenant, Messieurs, Mesdames, v'là le gas de la littérature, qu'a peur pour son saintfrusquin. Il commence avec ses gros sabots par manger le morceau : « C'est parce que M. Berthelot a dit définitivement tout ce qu'il y avait à dire que ce banquet lui a été offert ». ce qui ésotériquement signifie que l'article de M. Berthelot est le message du Grand-Orient.

« Je tiens à dire l'intérêt que peut prendre un écrivain à ce débat entre la Science et la Foi. »

« M. Berthelot a parlé pour la Loge, moi je parle pour M. Fasquelle. M. Fasquelle est mon éditeur, et mon éditeur m'a dit : « Médan, va à ce banquet et souviens-toi que les semaines religieuses n'ont pas voulu recommander nos marchandises et que Léon XIII a porté u préjudice notable à la librairie française en ne recevant pas au Vatican le pétomane de la *Terre*.

« L'unique affaire dès qu'on fait MÉTIER de penser et d'écrire est d'avoir la certitude de penser en liberté. » Je demande une seule phrase de cet homme qui ressemble même aux inepties des autres discoureurs, pas même une phrase, une incidente, quelque chose qui ne sue pas l'ignorance la plus crasse et l'animalité la plus basse.

Il est la BÊTE en littérature et il est l'âne. D'après lui « cent volumes ne suffiraient pas au catalogue de l'Index. » Or un seul volume de la collection Migne suffit.

Il n'est pas exact que l'Église condamne tous les ouvrages d'imagination où l'amour est peint, sinon *Télémaque* et Racine seraient à l'Index. Cet ignorant veut parler de l'*in odium auctoris* par lequel Balzac fut mis à l'Index *in globo* à cause d'une certaine *Histoire impartiale des Jésuites*. Au reste l'Index ne signifie pas qu'un livre soit essentiellement mauvais, il signifie qu'il est dangereux pour le commun des âmes et l'Ancien Testament se trouve dans le cas des Indexés. L'Index est analogue à la *tête de mort blanche sur fond noir* et au mot *gift* de la pharmacie. Je me souviens que mon frère encore jeune lorsqu'il changeait de ville faisait chaque fois renouveler par l'évêque du diocèse où il se trouvait, sa permission de lire les ouvrages à l'Index.

Que la brute de Médan se rassure. Sur lui pèse un Index autrement unanime, celui de la haute culture ; pour avoir profané d'une ignominieuse façon le nom ineffable du Sauveur, il aurait le crachat du Brahmane au visage comme il a eu le refus de Léon XIII.

« L'attitude de la Foi devant les livres de nos écrivains m'inquiète terriblement, dit-il, et elle en défend la lecture, à tous les croyants. » Ce souci de négociant si bassement avoué au milieu de la pose idéologique des autres montre que même parmi les pires, l'homme de la *Terre* reste la complète hideur de son temps.

M. BRISSON

Enfin, vient M. Brisson, préparer la candidature de M. Berthelot à l'Académie française.

« Grand écrivain », le mot y est, nous demandons l'œuvre. « Les sciences morales et politiques doivent être considérées en dehors de toute spéculation sur l'origine et la fin des choses ou sur l'ordre universel. »

M. Brisson entend les aisances dans les tripatouillages de son cher pays. Veut-on perpétrer des ignominies, il faut d'abord rejeter ce témoin redoutable qu'on appelle la tradition. Retenons de son discours l'aveu du caractère politique de ce banquet, afin qu'il n'y ait pas de doute, le personnage énonce ceci : « La Science n'a pas d'opinion, le savant doit en avoir une ». Il qualifie le banquet de « coup de clairon auquel la jeunesse et l'avenir ont répondu » et ce farouche déformateur de toute logique politique se met à brinder comme un simple Provençal :

« *Nuc vino pellite curas*

« Buvons sans crainte, buvons à nos triomphes d'hier, à nos victoires de demain,

Cras ingens iterabimus æquor! »

Et comme il a dit « grand écrivain », il dit encore « parlementaire fidèle..... « Oui, nous pouvons choquer nos verres car vous êtes entré dans cette noble conspiration de ceux qui souffrent. »

Messieurs les roues-de-carrosse c'est-à-dire les souscripteurs à cinq francs « vous êtes le bataillon sacré (hum! souvenir chrétien) des ouverriers (souvenir d'élections) de la transformation universelle (souvenir personnel) par l'effort valeureux (le mien) de la personne humaine (le protégé des Loges) sur les fatalités qui l'enveloppent (les débris non encore brissonnés de la raison et de la vertu); buvons donc, jeunes gens, buvons donc tous, Messieurs (les souscripteurs à cinq francs), en même temps qu'à Berthelot, à la Science, à la Liberté, à la Justice et à la République qui les résume! »

L'un disait : Science.

L'autre religion : Religion.

J'ai dit : Conscience.

M. Brunetière est un imposteur en niant la science pour atteindre d'ambitieux et mauvais savants, il l'est encore en niant les preuves intellectuelles de la religion.

M. Berthelot est un imposteur en niant les résultats acquis de l'histoire et en refusant à la culture animique sa seule modalité, expérimentalement efficace, la religion.

M. Poincaré est un imposteur en prétendant que M. Berthelot a ramené à l'unité le travail des forces naturelles.

M. Brisson est un imposteur, voulant constituer les sciences morales et politiques en dehors de toutes spéculations sur l'origine et la fin des choses.

M. Richet est un habile homme qui a parlé avec les collègues-loups sans proférer d'ineptie.

Pour M. Pierret, c'est le sinistre comique de cette parade. Quant à M. de Médan, c'est là un représentant de librairie.

Lorsque, en 1881, j'écrivais en conclusion de mon premier livre, *finis latinorum* je n'avais pas des faits psycopathiques comparables à la clinicité de ce banquet.

Ce n'est plus un homme, une école, une doctrine qui déraisonne, c'est le cerveau latin qui apparaît faussé universellement.

Vous avez vu comment M. Brunetière défend la religion et M. Berthelot la science,
écoutez maintenant M. Léon de Rosny dire
son fait à la vieille et jusqu'ici vénérable
Egypte : « Nous avons relégué l'antique sa-
gesse égyptienne au rang des fantaisies les
plus pyramidales qu'ait jamais exploitées
l'ignorance du monde savant.

« A moins que la méthode de Champollion
le jeune ne soit qu'une mystification jetée à
la face du monde savant, nous pouvons con-
clure que la science égyptienne n'est qu'un
galimatias de lieux communs et de prétentieu-
ses niaiseries. Si un homme de la trempe
d'Alexandre Dumas ou de Victor Hugo, se fût
improvisé égyptologue, il aurait fait sortir des
hiéroglyphes des vérité philosophiques ».

Et le même savant conclut sa brochure sur
les origines boudhiques du Christianisme par
cette étonnante phrase :

« Qu'importe ensuite que le Boudha ait vécu
plusieurs siècles avant le Christ et que Jésus
ait été, oui ou non, un disciple de Cakya-
Mouni ».

Ainsi, un homme de savoir méconnaît l'équation du monument à la pensée : il ne veut pas voir que l'architectonique égyptienne a généré toutes celles de l'antiquité, il vante Gautama sans citer une seule fois, le Bagha- val et son auteur Krishna et sa secte le Yo- gysme triplement supérieur au Lalista Vistara à Cakya et Boudhisme : il ne réfléchit pas que le buddhisme n'a gardé que ses conquêtes de la race jaune, et qu'aucun de ceux que Jésus a conquis ne l'a quitté pour le Bouddha, Cela seul démontre la disparité d'inspiration. Enfin, M. de Rosny associe Jésus et Bouddha. par la morale, sans discerner que Jésus a deux traits incomparables : le Calvaire et l'Eucha- ristie. Tout le catholicisme tient en ces deux points, ils font toute la force de l'Évangile qui sans eux serait la belle et vaine histoire d'un homme au cœur pur.

Novissimum organon, rédigée par l'école du *Hieron*, voilà certes un beau titre, — cela est greffé sur l'œuvre des Fastes eucharistiques — voilà certes une noble origine, et le texte donne l'impression d'une gnose orthodoxe, J'étais dans une grande joie lorsque, regardant à la face du bel in-4°, j'aperçois « concours pour un chant religieux *national* » ce qui équivaut à concours pour une *prière blasphématoire*.

Le baron Alexis de Sarrachaga, hiérophante du Hiéron, est respectable certes à tous égards, mais l'ineffable Eucharistie ne supporte aucun mélange indigne en son culte, et la Nation est impie par essence : l'ennemi de Jésus c'est la patrie, cette horrible congrégation des plus vils intérêts, qui fait de l'homicide le devoir de tous.

Il y a des chrétiens dans tous les États, mais il n'y a pas d'État chrétien, car il n'y a pas d'État sans colonie, sans armée.

Que l'école du Hiéron, tienne pour certain qu'elle commet un acte abominable en mêlant la nationalité à l'hostie universelle.

Vivat qui diligat Francos Christus, est un blasphème. Dieu aime les chrétiens, les justes et non un peuple. Du reste, il y a quelque chose de grotesque à dire, Dieu aime à préjuger de lui, à lui supposer une partialité. Le privilège ici devient odieux; Dieu aime les chrétiens, sans souci qu'ils soient francs ou goths. *Qui non ex sanguinibus neque ex voluntate sanguinibus, neque ex voluntate viri sed* EX DEO NATI SUNT.

Même en dehors des mauvais conseils de l'intérêt visibles dans l'affaire Berthelot-Brunetière. Dans sa bibliothèque, M. de Rosny bafoue l'Egypte, l'Egyptologie, et ne voit plus la hiérarchie des doctrines et de egregores ; et enfin le blasphème nous vient de Paray-le-Monial.

Or, tous ces proférateurs, sont des hommes considérables, ils représentent la haute culture et un enthousiasme : aucun n'aura le remords de sa parole. Ils sont donc inconscients.

M. Brunetière, champion du christianisme est inconscient de son essence.

M. Berthelot, champion de la science est inconscient de son domaine.

M. de Rosny déclare l'inutilité de l'exégèse et enfin le Hiéron de Paray veut faire de ce coin de terre le centre du monde et des français, des favoris providentiels. Inconscience lamentable ! Anémie cérébrale. Il y a trente ans, M. de Saint-Bonnet écrivait une brochure inaperçue : De l'incapacité croissante des occi-

dentaux en métaphysique. J'ai réuni-là ce
triste *attendu*, pour son arrêt, et je vais vite
aux quais chercher une logique de Port-Royal,
pour m'assurer contre les miasmes intellectuels de ce que j'ai remué ici.

SAR PELADAN

Pour mai 1895.

.

APPENDICE

APPENDICE

LA MORALITÉ ET LA SCIENCE.

Réplique à M. BRUNETIÈRE

Je n'avais rien lu de vous, avant votre léga-
tion catholique. J'ai payé deux soixante et
quinze la constatation que vous êtes un esprit
incomplet, non pas une fois, poussé et hors de
de votre domaine, mais ordinairement et de
facultés.

Je vous le redis, vous vaudriez par la répli-
que si vous écriviez en d'obscurs papiers; le
porte-voix est tout ici. C'est donc à la force de

déplacement d'opinion dont vous disposez que je parle, comme c'est à elle que M. Clémenceau envoie ses livres : *non tibi sed Petro,* non au Directeur, mais à la *Revue*; il n'y a pas de morale sans obligation ni sanction, donc on ne peut tirer une morale de la science et surtout de la théorie évolutionniste.

En équivalence : Ii n'y a pas de théologie sans dogme ni *a priori ;* donc on ne peut tirer une méthode scientifique de la religion et surtout de la mystique.

Si le monde matériel et le monde moral ne trouvent pas leur corrélation dans la Science, l'activité cervicale devient oiseuse : autant nier la possibilité d'une certitude puisque on ne l'établit que par l'équation du phénomène au concept. La science avertit l'homme des obligations nécessaires à sa santé ; elle a, pour le convaincre, la double crainte de la maladie et de la mort.

Tout le monde sait l'effet salutaire du musée Dupuytren sur les jeunes gens et que, sans la crainte des accidents vénériens, la fornication civilisée serait instantanément doublée, triplée; donc la morale scientifique s'appelle l'hygiène.

Elle a pour sanction un facteur redoutable qui s'appelle la douleur; c'est une sanction, le *sine qua non* d'être sage· ou de souffrir. En outre, la science enseigne le danger des passions; et ici, à la répercussion organique du désordre moral, vient s'ajouter la terrible Erynnie, la Folie. Il serait donc très simple d'instituer la morale essentielle sur le plan d'hygiène : Pythagore lui-même procéda ainsi. Si votre érudition dépassait le XVIIIe siècle, vous connaitriez Vincent de Beauvais et les catégorisations de son *Speculum Universale*, qui correspondent au scientifisme actuel.

La méthode se forme de deux parallèles: réalité et spiritualité ; expérience physique, évidence abstraite.

Vous citez Diderot, ce qui est bien léger ; sa verve ne l'accrédite pas en matière philosophique et, vous vous écriez : « Nous avons dans notre sang, au plus profond de nos veines, quelque chose de la brutalité, de la lubricité, de la férocité du gorille ou de l'orang-outang. » Vous niez même que nous apportions, en naissant les semences de quelques vertus. Comme la *Revue des Deux-Mondes* est un papier

sérieux, et vous, un écrivain pédant, je ne sou-
lignerai pas l'éclair de conscience qui vous a
traversé ; mais prenons ce que j'appellerais les
types cliniques de l'humanité, c'est-à-dire les
types historiques parfaitement connus ; je vous
convie à parcourir une biographie universelle,
vous y verrez les saints naissant saints et les
génies, génies ; et le commun, ni scélérat ni
sublime, est humain. Or, savez-vous ce que
c'est qu'un homme, ou plutôt l'homme : c'est la
série de l'Être composée d'un corps, d'une âme
et d'un esprit ; et, par conséquent, occupant
dans l'échelle de la vie, le plan médian entre
l'ange et l'animal.

Il y a donc trois catégories primordiales dans
l'humanité, suivant la prédominance d'un des
éléments. En outre, le développement d'une
faculté, la quantité, pour ainsi dire, n'en
donne pas la qualité ou la moralité qui n'est
jamais que l'accord de la vie avec l'Idéal.

Ainsi, je ne peux pas vous contester l'appa-
rence de penser et d'écrire congrûment, et
cependant, vous opinez avec une ignorance
crasse sur ce point ; « Rien dans la structure
de l'homme ne lui assigne une origine diffé-

rente du primate. » Vous concluez que nous sommes le terme actuel d'une suite infinie d'ancêtres animaux, et cela vous explique les germes de tous les vices qui sont en nous. Mais réfléchissez avant d'écrire: l'ancestralité animale ne pouvait nous léguer que des instincts, ou l'évolution a dû les atténuer, les a viciés, cette opération de l'instinct vicié est exclusivement humaine. La conscience, au lieu de nous dégager de nos origines, les aurait compliquées seulement de malice. En attendant la certitude de notre descendance simiesque, nous avons du moins celle de notre tombée actuelle bien au-dessous de l'animalité. Sur ce, vous voilà en extase devant le dogme du péché originel. Malheureusement, c'est comme M. Jourdain et vous pouvez vouloir du mal à votre père. Vous savez si peu le sens de cette allégorie que vous en demandez l'explication à Calvin. « Le péché originel est une corruption et perversité héréditaires » ; — ce sont toujours ceux qui n'entendaient pas la Bible qui ont voulu l'expliquer.

Le péché originel ne peut être autre chose que l'imperfection sérielle ; c'est un rapport entre l'involution de l'âme dans la matière et l'évolution de l'âme vers sa cause.

Supposez un être illettré, inculte, séquestré dès l'enfance pour ainsi dire, passant sans transition de la non-existence à l'existence, la nouveauté et l'ivresse de la vie le rendent inconscient ; il est le jouet des forces qui sont en lui, des forces extérieures à lui ; il est imparfait et non coupable ; c'est un involué et non pas un pécheur. Quant à l'idée héréditaire, elle irrite le sentiment de la justice si on n'explique pas que la série étant constituée par l'idendité de ses membres, tous les hommes sont imparfaits parce qu'ils sont hommes. Ce n'est pas un legs atavique, c'est la norme sérielle. Calvin continue : « cette corruption nous fait coupables, premièrement de l'ire de Dieu ». Ce seul mot aurait dû nous éviter la citation. Ensuite, c'est encore le péché orignel « qui produit en nous les œuvres de la chair ». Evidemment, c'est la loi sérielle organique qui determine en nous les œuvres organiques. Il vous suffit que Pascal ait écrit : « il n'y a rien qui choque plus notre raison que le péché du premier homme ait rendu

coupable ceux qui étant le plus éloignés de cette
source semblent incapables d'y participer.

La source, ici, s'appelle la série ; la partici-
pation de l'humanité aux conditions humaines
n'a pas même besoin d'explication, et, je trouve
Monsieur, que c'est voler le monde que de faire
de la copie avec d'illustres erreurs que l'on est
incapable même de commenter. Votre trou-
vaille, en la matière, c'est que la descendance
simiesque de l'homme donne une base au
péché originel. Or, la pensée mosaïque avait
prévu et, c'est un des traits admirable du Bereshit, que le cours de l'investigation scientifique amènerait à souder zoologiquement
l'homme aux mammifères. Préventivement, il
a, par cette allégorie du péché *sériel*, indiqué
qu'il ne fallait pas considérer l'homme comme
un membre de l'animalité. D'après la science
Egyptienne, comme d'après Hœckel et Darwin,
la vie organique commença par la cellule qui
s'appareilla d'abord dans l'eau et, l'homme ne
parait qu'après que l'eau, le ciel et la terre sont
peuplés de toutes les espèces.

Il est rationnel que l'homme devant vivre
dans un monde organique, devait être organisé

supérieurement mais similairement aux autres exemplaires vivants de sa stase.

Je juge inutile de développer ici ce que mon frère, le Dr Adrien Peladan, a mis dans son « anatomie homologique. » Vous avez fait pour votre article ce que Victor Hugo fit pour le renflouement du bateau dans les « Travailleurs », vous ne savez rien en ces matières, c'est donc inutile de vous réfuter sur ce terrain. Si vous étiez vraiment ce champion du spiritualisme et de la religion dont vous usurpez les traits, vous diriez même à Hœckel et à Darwin que l'évolution morphique n'implique pas l'évolution sensible, et que la science humaine n'a pu noter une évolution des instincts. Où est la différence du chat sauvage au chat domestique : la nécessité du fait les accentue en quelques points, ils sont les mêmes ; abandonnez un chat domestique dans un bois il redevient sauvage, puisque sa vie dépend de sa chasse, au lieu qu'elle dépendait avant de sa douceur.

Donc l'instinct de l'animal est immobile sans la domesticité.

Ce qui caractérise l'homme ce n'est pas seulement le mouvement du pouce et le peu de

poils, ni la parole puisque le perroquet articule.
C'est son âme et c'est son esprit. On ne va pas
nous dire, que l'âme de S. François descend de
l'âme des grands singes et que la « Somme »
n'est que la floraison évolutive des solitaires
antropomorphes de Sumatra et Bornéo.

Pour être scientifique, il faudrait donner le
triple plan de l'évolution. Le physiologiste a vu
comme un enfant que M. Untel ressemble à un
cheval ou a un chien, avec beaucoup de contextes
cela a suffi pour effacer toute la tradition
humaine.

Le Bereshit est positif sur un point, I. 25,
«les êtres délégués de l'Etre accomplirent l'animal terrestre avec ses catégories, selon l'éco-
nomie générale de la sphère adamique et ils
reconnurent que cela s'harmonisait avec le
reste.

Attention, Monsieur, je vous prie !

« Et les êtres délégués de l'Etre, selon la
série organique suivie jusqu'ici projetèrent
leur ombre et d'après elle, délinéèrent la forme
d'Adam, celui qui devait régner sur tous les
êtres organiques des mers, des airs ou de la
terre, et qui se trouvait être le centre des rap-

ports et le couronnement des séries (micro-
cosme).

Il est donc textuel et de foi que l'homme
occupe une triple sériation ; on n'a regardé qu'en
bas, la forme, et parallèlement la sensibilité ;
on a vu que la stase et le phénomène involutif.
Mais si la cellule est l'origine de tout orga-
nisme, l'angélite est la source de toute spiritualité.

Je ne concéderai le limitrophe de l'animal et
de l'homme, que si l'on admet l'immédiatité
de l'homme et de l'ange.

Le véritable office du spiritualiste est d'amener, en parallèles, aux termes de l'évolution
organique les identiques de l'involution spirituelle, mais cela n'est pas dans les livres du
XVIIe siècle et vous l'ignorez, comme tout ce
qui n'est pas classique au sens étroit et parti-
cularisé du mot. Vous calomniez l'animal ; « le
devoir, dites-vous, c'est de dompter les instincts
qui sont en nous ». Je vous l'ai déjà fait observer,
les vices humains sont aussi acquis que peuvent
l'être les vertus. N'avez-vous pas vous-même
tous les défauts de votre état ? Lorsque vous déclarez que la religion n'a pas de preuves intellec-

tuelles ou bien que, sans compétence, vous acceptez l'identité morphique de l'homme et du primate, ce sont des crimes bien humains, et, dont aucun animal ne paraît capable. Le pédantisme, le mauvais usage d'une grande publicité, la haine aveugle des valeurs vivantes, ne vous viennent pas de vos ancêtres avoués, les orangs-outangs. C'est bel et bien du Brunetière. Vous acceptez de descendre des bêtes mais, vous n'avez pas de piété filliale ; vous ne citez que les féroces, les vautours et les félins ; pourquoi ne pas honorer le perroquet quand on est soi-même un ara du xviie siècle ; et le castor quand on a si bien bien mené cette campagne contre Pailleron qui nous a mis en main la première férule de France.

« L'éducation a pour objet de nous aider à prendre en nous le dessus de l'instinct. » Or, le premier effet de l'éducation c'est de tellement subordonner l'instinct à des considérations de prudence et de pratique, qu'il n'est plus reconnaissable. Allez retrouver l'instinct du vol dans l'institution officielle de la Bourse, et, l'instinct du meurtre dans l'institution officielle de l'armée. Vous dites, « la souillure de

notre plus lointaine origine », persuadé que vous
êtes couvert par Pascal. Croyez-vous que celui
qui abominerait maintenant les prétendus
païens de l'Orient primitif, serait couvert par
Bossuet. Il y a des erreurs d'époque dans les
génies, mais il n'est pas permis aux pédants
de reproduire les ignorances mortes. On ne doit
pas traiter une question, sans en connaître
l'état. Or, la notion du péché originel nous
venant du Bereshit, le Bereshit ayant été retra-
duit, vous devez vous reporter aux plus récents
travaux. Ce n'est pas seulement nécessaire,
c'est impérieusement honorable.

« Le seul progrès est le progrès moral ». Le
mot de progrès est un mot d'imbécile, surtout
en matière morale. L'hypothèse scientifique
mérite moins de créance, que l'hypothèse métaphysique. Il a plu à quelques savants sans synthèse
de raccorder, au mépris de la tradition, la série
humaine aux mammifères, nous voilà forcés de
tenir pour évidentes les choses les moins prou-
vées. La science, dans son vrai sens, se com-
pose autant d'histoire que d'expérience ; même
le fait historique correspond à l'expérience de
laboratoire ; eh bien ! je refuse de m'occuper

du préhistorisme et, positivement, j'en réfère aux plus anciennes annales, aux monuments les plus archaïques ; ils me montrent que l'humanité évolue par fractions, et que le mot progrès n'a qu'un sens local, ethnique. L'Inde de Manou était en progrès, l'Inde actuelle est en décadence ; l'Espagne de Charles-Quint était à un point culminant qui n'a pas cessé de décroître depuis.

Mais le bon roi René était-il en progrès sur le Patési Goudéa qui, trois mille-cinq-cent ans avant Jésus-Christ, avait pour sceptre l'étalon des mesures. « Etes-vous bien sûr qu'on doive tant admirer la chimie pour avoir multiplié les alcools. » Vous confondez deux choses, la recherche scientifique, et la publicité sacrilège donnée à cette recherche. Croyez-vous donc que les alchimistes n'ont pas trouvé des mélinites et des panclastites? Mais, ils n'en ont pas livré les formules aux fous et aux méchants.

Une phrase bijou, une phrase Bertholine, monsieur : « la civilisation chinoise ne s'est peut-être arrêtée que pour n'avoir eu d'autre idéal que le bien-être » Autre joyau : « depuis trois ou quatre mille ans que nous nous con-

naissons » — cela fait dater l'humanité de la
dédicace du Temple de Jérusalem et de She-
houk, fondateur de la vingt-deuxième dynastie.
Encore : « les Grecs et les Italiens sont morts
d'avoir cru que l'Art pouvait exercer sur la vie
une domination absolue. » Or, il faut n'avoir
pas lu l'Histoire de la Grèce et celle des cités
Italiennes pour ignorer que, les uns et les
autres sont morts de leurs dissensons, de leur
injustice militante, leur art, qui nous éblouit
n'était que le sublime passe-temps de Sforza et
des Médicis. Machiavel qui incarne la passionnalité florentine, montre que l'individualisme,
le Condottierisme, et le mépris de la vraie
justice, sont les seuls fauteurs de ces ruines.

Dans tout ce qui tient au journalisme — et
la *Revue* est un quinzième de journal —la hâte
nécessaire à l'à-propos excuse bien des choses
dans l'exposition de l'idée, mais deux points
doivent être lucides, la proposition et la conclusion. Votre proposition est fausse: Les lois de
la santé étant les premières conditions du bonheur sont transposables à l'animique et néces-
sitent la vertu sans autre sanction que l'intérêt
propre de l'individu. En outre, en voyant dans

l'évolution organique le péché originel, vous avez littéralement marié le Pape et le Grand Turc.

Et en conclusion vous parlez du « sûr pressentiment d'un certain ordre », et triomphalement vous pensez avoir démontré qu'une finalité supérieure transcendante ou immanente préside à la transformation des espèces animales. Or, si nous exceptons les monstres de l'époque préhistorique dite antédiluvienne nous n'avons pas un seul exemple de transformation animale ; la nature reste conforme à elle-même à travers la durée, les animaux changent, l'espèce demeure.

Donner au péché originel sans le comprendre une signification physiologique est une pure fantaisie. Mais ce qui est aussi joli que les deux sciences de Berthelot, l'une positive pour les faits, l'autre idéale pour les rêves, c'est votre distinction entre la Providence chrétienne et fortuite et la Providence générale ou païenne. Il faut être vous, pour ne pas comprendre que le général contient le particulier, l'ensemble le détail et qu'une Providence fortuite n'a jamais pu exister que dans votre cervelle et les mots français n'ont plus leur sens. En outre, la Providence non fortuite et païenne « n'est que la personnification du plan organique ». Vous citez avec enthousiasme ce bafouillage de feu Ernest le Défroqué : « grâce à ce nouveau type de loi nous nous éloignons de plus en plus du type de la nécessité », et vous commentez « il n'y a pas de loi d'airain dans le monde vivant, mais seulement des principes souples et ployables en divers sens dont la formule, sans être flottante, est toujours du moins indéterminée. »

Et cela ne tarit pas : « Tout système est faux en tant que tel, il n'y a jamais que les morceaux qui soient bons. » Si comme vous l'affirmez, Haeckel et Darwin sont des romanciers, pourquoi diable les avez-vous critiqués au point de vue scientifique? pourquoi avoir légitimé par un roman, l'Allégorie biblique de l'originel péché? pourquoi voulez-vous que la morale ne ressortisse pas autant des intérêts que des devoirs? pourquoi prétendre qu'en dehors de la morale tout est illusion puisque les floraisons esthétiques ne se produisent que dans certaines conditions d'immoralité? pourquoi

enfin n'avoir pas donné une définition de la
morale et si je vous avais d'abord posé cette
question je n'aurais plus rien ajouté, car vous
n'y avez pas réfléchi en citant la célèbre formule que l'homme est dans le monde comme
un empire dans un empire ; vous reproduisez
l'erreur positiviste, puisque la spiritualité ne
peut considérer l'homme qu'en vassal et homme-
lige de la série spirituelle dont quelques-uns
descendent et où quelques autres ne parviendront jamais.

La théologie, qui est vraiment parmi les connaissances humaines comme un empire parmi
des royaumes, communique à ses tenants une
lucidité et une force qui paraissent au discours
le plus hâtif.

Les quelques pages consacrés par Mgr.
d'Hulst à votre article sont fortes et lucides.
Et je m'associe pleinement à ses conclusions :
vous avez parlé d'une façon moyenne, pour les
esprits quelconques, vous n'avez ni pesé le
côté théologique, ni étudié l'autre expérimen-
tal. Pédant et non savant, religieux de tendances sans *Credo*, sorte de tabellion bien
intentionné, vous avez voulu préparer un

6

mariage impossible entre la vérité des phénomènes et celle des annales. Il vous a fallu fausser
tour à tour les notions et les faits pour produire
une apparente accommodation entre le sacré
et le profane. Et vous avez méconnu ensemble,
la science en lui reprochant les mœurs de ses savants officiels et la théologie en niant sa valeur
intellectuelle.

Peut-être M. Berthelot empruntant par ran-
cune quelque chose à la Tradition voudrait
restaurer l'au-to-da-fé en votre honneur, mais
soyez sûr que pour aucun catholique vous
n'êtes ni exorciste ni même lecteur en théologie, mais simplement le directeur de la *Revue
des Deux-Mondes*, le plus important des papiers
bi-mensuels imprimés en langue française. Et
pour tout dire, vous êtes Jean qui grogne de
cette bourgeoisie intellectuelle où votre cher
Pailleron est le Jean qui rit ; et vous irez à la
postérité semblables, vains, sorte de magots
intellectuels que les ambitions ont un moment
réunis, et que l'ironie de l'Avenir ne disjoindra
pas. Et ce sera justice.

TABLE DES MATIÈRES

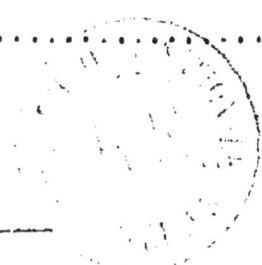

BEAUVAIS. — IMPRIMERIE PROFESSIONNELLE

www.ingramcontent.com/pod-product-compliance
Lightning Source LLC
Chambersburg PA
CBHW060624100426
42744CB00008B/1489